EXPOSÉ

DE LA SITUATION

DE L'EMPIRE FRANÇAIS.

1806 et 1807.

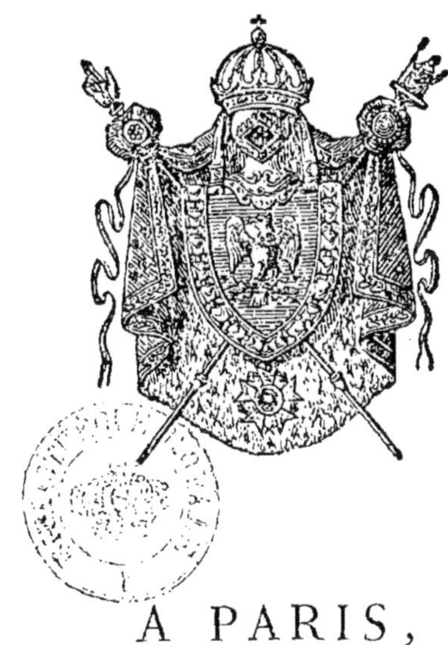

A PARIS,

DE L'IMPRIMERIE IMPÉRIALE.

Septembre 1807.

EXTRAIT DES MINUTES

DE

LA SECRÉTAIRERIE D'ÉTAT.

Au Palais des Tuileries, le 22 Août 1807.

NAPOLÉON, EMPEREUR DES FRANÇAIS, ROI D'ITALIE, et PROTECTEUR DE LA CONFÉDÉRATION DU RHIN,

Avons nommé et nommons M. CRETET, Ministre de l'intérieur, et MM. JAUBERT et GANTHEAUME, Conseillers d'état, pour se rendre au Corps législatif, le 24 de ce mois, à une heure après midi, et faire l'exposé de la situation de l'Empire.

Signé NAPOLÉON.

Par l'Empereur :

Le Secrétaire d'État, *signé* HUGUES B. MARET.

EXPOSÉ

DE LA SITUATION

DE L'EMPIRE FRANÇAIS.

1806 et 1807.

Séance du 24 Août 1807.

Messieurs les Députés des départemens au Corps législatif,

L'année qui s'est écoulée depuis la clôture de votre session, n'occupera pas dans l'histoire une place moins importante que la glorieuse et mémorable année qui l'a précédée; et la France, accoutumée en quelque sorte à l'admiration autant qu'à la reconnaissance, aura vu que, sous

A

un Chef tel que celui qui dirige ses hautes destinées, ce double sentiment peut se renouveler
chaque jour.

Lorsque, il y a quinze mois, vous vous séparâtes
pour retourner dans vos foyers, après avoir,
pendant le cours de votre session, rempli, avec
autant d'empressement que de concert, les devoirs que vous imposaient la confiance de la nation et celle du Souverain, l'EMPEREUR paraissait
près de goûter enfin le fruit le plus doux de ses
glorieux travaux; il voyait arriver le terme, non
de son propre repos, mais du repos de la France.
Une nouvelle guerre continentale avait été ter-
minée en trois mois; l'Allemagne n'offrait plus
à la France que des amis ou des alliés; la Prusse
encore était de ce nombre; la Russie paraissait
desirer le terme d'une inimitié sans but comme
sans motif. A force de triomphes et de modéra-
tion, l'EMPEREUR semblait avoir acquis enfin à
la France le droit de jouir en paix de tout ce qu'il
avait fait pour elle; il était rendu à la patrie; ses
peuples le revoyaient avec des transports d'alé-
gresse et d'amour, rapportant de nouveaux lauriers et de nouveaux bienfaits; de nombreuses dé-
putations accouraient des extrémités de l'Empire
pour lui offrir le tribut des hommages publics ;
l'armée se disposait à venir au sein de ses foyers,

jouir des fêtes ordonnées par son Chef, préparées par la nation toute entière.

L'EMPEREUR se réjouissait à la vue d'un avenir plus calme, et sa pensée, fixée sur l'administration intérieure, semblait être devenue encore plus active ; il se faisait rendre un compte détaillé de toutes les parties de l'administration, et cherchait dans chacune ce qui restait de bien à opérer ; il préparait un plan pour assurer aux princes de la dynastie impériale une éducation propre à les rendre dignes de celui qui la fonda ; il établissait un système de grandes récompenses pour de grands services, véritable manière de faire servir les titres élevés d'appui à l'État et de décoration au trône ; une nouvelle organisation donnée au Conseil d'État instituait, pour la révision des affaires contentieuses, une discussion lente et solennelle ; une suite de formes protectrices et sévères offrait à la partie plaignante toutes les facilités pour la production de ses défenses et de ses titres, et créait, pour les dépositaires de l'autorité publique, un nouveau tribunal dont la censure doit s'exercer sur les actes et les abus que les lois positives ne peuvent atteindre ; une commission placée dans le palais même de l'EM-PEREUR, et composée de ceux qu'il appelle à discuter avec lui les plus grandes affaires de l'État, ouvrait près du trône un libre accès à tous les genres de plaintes ou de demandes, chargée de faire parvenir aux oreilles du Souverain la voix de tous ses sujets, et sur-tout de ses sujets dans la pauvreté et le malheur : institution touchante, qui annonce que celui dont l'infatigable vigilance soigne si bien les grands intérêts de l'État, n'est pas moins jaloux, dans sa sollicitude paternelle, de pourvoir aux moindres besoins ou aux plus légers griefs de tous ceux sur lesquels s'étend son empire.

Mais le traité de Presbourg, qui avait rendu la paix au continent, ne l'avait pas rendue aux mers; et l'Angleterre, constante à chercher sa propre sûreté dans le malheur de l'Europe, s'efforçait de faire continuer la guerre par la Russie, et de déterminer la Prusse à des démarches hostiles. Ces trames furent déjouées; le traité de Vienne et la convention de Paris dissipèrent tous les nuages : il semblait que désormais la paix du continent ne devait plus être troublée; la Russie elle-même en avait senti le besoin, et son ministre, revêtu de ses pleins pouvoirs, venait d'arriver à Paris.

L'Angleterre, entraînée par la force de ces circonstances, se montra disposée à la paix, ou plutôt, ainsi que l'ont révélé depuis ses discussions publiques, à une trève qui aurait à peine suspendu un moment les effets de la haine et de la jalousie qui l'animent contre nous. En même temps qu'elle ouvrait des négociations, elle préparait de nouvelles intrigues, bien résolue à tout rompre, si elle parvenait à rallumer le flambeau de la guerre continentale : elle vit triompher ses coupables espérances, et la paix faite avec la Russie ne fut pas ratifiée.

La Prusse fut de nouveau agitée; une exaltation sans motif et sans but, excitée par les ennemis de son repos, prévalut sur les combinaisons du cabinet : des cris hostiles se firent entendre, et la guerre fut déclarée contre l'opinion des Ministres, et, peut-être, contre la volonté du Roi lui-même. Fatal exemple de la faiblesse des princes! influence plus fatale encore d'un ministère qui soudoie les intrigans et les libellistes, qui sème la terreur et la calomnie, qui soulève toutes les passions dont l'irritation lui peut être utile, et qui, au milieu de toutes ces menées, calcule froidement les avantages qui peuvent résulter, pour ses intérêts, des dangers, de la ruine même de ceux qu'il appelle ses amis.

L'Empereur partit. Le plénipotentiaire anglais, qui, plusieurs fois, avait annoncé son départ, ne tarda pas à l'effectuer, et les fusées incendiaires lancées par ses compatriotes dévoraient quelques maisons de Boulogne, lorsque ce ministre de paix y fit son entrée avec une escorte française qui veillait à sa sûreté, et rendait ce dernier hommage au caractère dont il avait été si inutilement revêtu.

La France a été, pendant plus de dix mois, affligée par l'absence du prince auquel s'attachent toutes ses affections, comme tous ses destins, mais l'EMPEREUR lui est resté présent en esprit; et son génie a veillé sur elle; sa pensée, des bords de la Sprée et de la Vistule, de la Pregel et du Niémen, n'a point cessé d'embrasser tous les besoins intérieurs de l'Empire; sa pensée a tout animé, a maintenu, par-tout, l'ordre et la régularité qui sont son ouvrage; et nous ne nous sommes aperçus de son éloignement que par le bruit de ses exploits, et par les regrets qu'il laissait dans tous les cœurs. Pendant qu'il visitait la tente du soldat, dressée sur les neiges de la Lithuanie, son regard veillait en France sur la chaumière du pauvre, sur l'atelier du fabricant. Durant ce long intervalle, on n'a eu à gémir d'aucun trouble; on n'a pas même eu la plus légère agitation à redouter : la France, à l'époque d'une guerre entreprise pour l'accabler, a conservé au dedans le calme le plus profond;

son territoire n'a pas été violé un seul instant ; le bruit des armes n'est pas arrivé jusqu'à elle : sous la sauvegarde de la victoire, elle a vu passer loin de ses frontières l'orage que l'envie et la haine avaient dirigé sur elle ; elle a vu cet orage fondre sur les contrées où il s'était formé. — Les lois exécutées par-tout avec fidélité et sans efforts, privilége des bonnes lois ; les contributions régulièrement acquittées, les routes parcourues avec sécurité, les administrateurs redoublant de zèle, nos jeunes soldats entrant avec joie dans les sentiers de l'honneur, les gardes nationales veillant autour de nos foyers, et se montrant, par la régularité du service, par leur attitude et leur discipline, également propres à leur double fonction de protecteurs de l'ordre public et de défenseurs de l'État ; tous les services exécutés avec facilité, l'opinion publique constamment fidèle aux institutions que ses vœux avaient rappelées : tel est le spectacle qui s'est offert à vos regards dans vos provinces respectives, et sur lequel nous pouvons ici appeler votre témoignage ; tel est le spectacle que présentait cette France, que désormais on désespère d'agiter, comme on désespère de la vaincre.

A l'époque à laquelle nous sommes arrivés, si nous avons encore à vous entretenir d'institutions

A 4

nouvelles, nous aurons bien plus à vous montrer les fruits des institutions qui existent : cette fonction n'est pas moins douce; en confirmant le passé, elle donne une nouvelle garantie à l'avenir. Les conseils électoraux, les conseils généraux de département, se sont montrés animés du meilleur esprit; ils ont vu dans le choix que l'EMPEREUR a fait des hommes appelés à les présider, combien il desire que ces fonctions soient aussi honorées qu'elles sont par elles-mêmes honorables. Les conseils généraux doivent être assurés qu'il n'est pas un des vœux que leur inspire le sentiment du bien public, qui ne devienne, pour le Gouvernement, l'objet d'une attention particulière, et qui ne soit consulté avec soin dans l'examen des affaires auxquelles il se rapporte; l'administration des communes, cette administration que SA MAJESTÉ regarde comme une des plus importantes pour le bien-être de ses peuples, a été améliorée sous plusieurs rapports : leur comptabilité a reçu des formes plus lumineuses et plus expéditives; l'EMPEREUR espère qu'elles préviendront, à l'avenir, tout arbitraire, toute dilapidation, que les dépenses seront rigoureusement conformes aux budgets, que les recettes ne seront pas dénaturées, que les comptes, rendus avec clarté et promptitude, ne seront plus un sujet de discussion ; sa volonté est aussi que les octrois, cette principale source de la richesse communale, soient administrés dans l'intérêt des villes, pour l'avantage de ceux qui les habitent, et que les préfets, qui ne doivent pas en diriger l'administration, exercent néanmoins sur elle une surveillance active et éclairée. L'EMPEREUR, qui se regarde comme le père de ses sujets, ne perdra pas de vue ces administrations municipales chargées de pourvoir à leurs premiers besoins, et ne tolérera ni les torts de la négligence, ni les entreprises de la cupidité.

Le Gouvernement a été en général satisfait de la conduite des maires, non-seulement des maires des grandes villes, dont SA MAJESTÉ s'est plue à relever les fonctions par des témoignages répétés de sa confiance, mais de tous les maires dont le noble dévouement, quelle que soit la sphère dans laquelle il s'exerce, s'élève à la hauteur de leurs devoirs : il a connu et apprécié leurs services ; et son intention est d'entourer d'une juste considération l'exercice de cette magistrature paternelle, par laquelle l'action de sa puissance arrive à la grande majorité de ses sujets.

Honneur soit également rendu à ces adminis-

Secours pu-

trations respectables, qui, d'une extrémité de la France à l'autre, se dévouent pour soulager le malheur, pour consoler la souffrance ! il est doux, en cette circonstance solennelle, de rendre hommage au zèle de ces pères du pauvre, qui, en faisant le bien, ne cherchent d'autre récompense que dans la jouissance de l'avoir fait : ils y ajouteront encore ! l'EMPEREUR l'attend de leur zèle : chaque jour, ils porteront un ordre plus parfait dans le régime des hôpitaux, une nouvelle économie dans l'emploi des revenus ; ils trouveront de nouvelles ressources dans le travail, dignement secondés par ces congrégations charitables, pieuses messagères que la religion députe près de l'infortune, que, pendant un temps, la persécution exila loin de la douleur, que le Restaurateur de la France a rétablies dans cette dignité touchante. Vous les voyez, ces congrégations, se multiplier à l'égal des besoins qui les invoquent, et pourvoir encore aux besoins à venir, par les élèves qu'elles forment. Comment la bienfaisance privée ne s'empresserait-elle pas de seconder des administrations ainsi dirigées ! —Les legs ou donations faits en faveur des hospices se sont élevés en capital, pendant le cours de 1806 seulement, à deux millions trois cent mille francs, autorisés par cinq cents décrets successifs ; la dotation de ces établissemens s'est encore accrue, par un nouveau bienfait de SA MAJESTÉ, d'un capital de quinze millions six cent mille francs, ou d'un revenu annuel de sept cent soixante-huit mille francs, par la mise en possession provisoire de divers domaines de l'État, désignés pour le remplacement de leurs biens aliénés pendant la révolution ; bienfait que vous serez appelés à ratifier pendant le cours de cette session, par une concession définitive. —Les anciens fondateurs des hospices ont été rétablis dans la jouissance de leurs droits les plus chers. Une noble émulation s'est emparée des ames généreuses ; elle a fondé des écoles, ouvert des ateliers : la voix de la morale a pénétré dans les prisons, précédée des secours de la bienfaisance ; les classes laborieuses de la société , guidées par quelques hommes de bien, ont formé elles-mêmes des associations utiles qui servent à leur amélioration, en même temps qu'elles leur préparent des ressources dans le malheur. Il a fallu cependant prévoir l'abus que des spéculateurs avides et hypocrites pourraient faire d'une disposition si respectable, ou les écarts auxquels pourrait se livrer un zèle imprudent, et il a été sagement réglé que les établissemens, qui emploient les fonds des souscripteurs pour se charger de la destinée d'un certain nombre de malheureux, ne pourraient contracter un tel engagement sans l'approbation de l'autorité publique.

Les fabriques ont été mises en jouissance de plusieurs sortes de revenus, les presbytères restaurés; de nombreuses donations ont augmenté leurs ressources.

Les victimes de la guerre maritime et des violences de l'ennemi ont reçu de SA MAJESTÉ des indemnités, dès le moment où elle a pu connaître leurs pertes.

La salubrité publique a été l'objet d'une vigilance continue. Quelques maladies épidémiques se sont manifestées sur divers points. Le zèle des médecins envoyés par les préfets, et, quelquefois de la capitale même, dès la naissance du mal, en a arrêté les progrès; les boîtes de remèdes envoyées par le Gouvernement ont assuré des ressources pour le traitement des pauvres. Le mont-de-piété de Paris a été organisé, d'autres ont été établis dans les principales villes de France.

Le Gouvernement commence à s'occuper de compléter le plan des établissemens destinés à la répression de la mendicité. L'abbaye de Fontevrault, les Ursulines de Montpellier, sont préparées pour recevoir des dépôts de plusieurs départemens; celui de Villers-Cotterets, presque achevé, suffira aux besoins de la capitale et de ses environs. Le travail continue d'être introduit avec succès dans ces dépôts comme dans les prisons; et pendant qu'il fournit de nouvelles ressources pour l'économie intérieure de ces établissemens, il corrige les mœurs de cette classe, que la société a justement repoussée de son sein, et rend la punition utile à ceux qui l'ont méritée. Dans presque toutes les maisons de détention et de reclusion, des oratoires ont été rétablis, et des chapelains nommés pour le service du culte; mesure qui tend également à opérer cette réforme salutaire.

L'administration attache à l'exécution complète de ce système une véritable gloire. Si les prisons ne sont pas encore ce que le Gouvernement desire, si les vues théoriques que de nobles sentimens avaient inspirées à l'Assemblée constituante se sont trouvées inexécutables dans la pratique, ces sentimens sont trop généreux et trop humains pour que le Gouvernement n'en soit pas constamment animé, et ne tende pas sans cesse au but qu'ils indiquent. Autant qu'il est possible, les différentes classes de malfaiteurs seront séparées; on ne confondra pas avec eux celui qui, par l'erreur d'un moment, s'est exposé à la sévérité des lois, sans encourir l'indignation de la société. On veillera sur-tout à la salubrité des lieux de détention et aux soins qu'exige la santé des détenus. La succession de tant d'années, pendant lesquelles négliger ou détruire était ce qu'on savait le mieux, et ce qu'on voulait le plus, a laissé à cet égard un ouvrage immense auquel on travaille depuis six ans, et dont le complément sera un des premiers bienfaits de la paix.

Les prisonniers de guerre, ou plutôt les armées captives que nous envoya la victoire, employées à des travaux utiles, ont fait servir leurs bras à féconder cette terre qu'elles prétendaient conquérir.

Travaux publics. Ponts et chaussées.

Le système général des travaux publics, appliqué à-la-fois, et en tant de manières, sur tous les points de l'Empire, se poursuit avec une persévérance et une activité que ne ralentissent point les circonstances du dehors. Treize mille quatre cents lieues de route à la charge du trésor public, ont été, sur divers points, entretenues, réparées ; les vingt-sept routes principales qui partent de la capitale, se dirigeant à toutes les frontières de l'Empire, ont été le théâtre spécial de ces opérations. Les deux plus grands ouvrages exécutés depuis plusieurs siècles; les routes du Mont-Cénis et du Simplon, monumens de l'art, dignes de ces monumens de la nature que l'art a vaincus, sont accomplis après six années. Parmi les routes d'un autre ordre, celle d'Espagne en Italie, par le Mont-Genèvre, se poursuit, et l'embranchement qui doit l'étendre au département de l'Isère, offrira à une portion de la France un passage plus rapide et plus facile au travers des Alpes. L'Apennin, à son tour, devient le siége de travaux actifs, qui lieront le Piémont à la Méditerranée, et compléteront l'union de la Ligurie avec la France. Le salutaire réglement qui proportionne la largeur des roues aux fardeaux des voitures, est en activité, et ses bons effets se font déjà sentir. Les ponts à bascule, nécessaires pour l'exécution de ce réglement, sont tous rendus à leur destination, et leur service commence sous peu de jours.

Dix-huit fleuves ou rivières principales ont vu leur navigation s'améliorer ou se prolonger même par des écluses, leurs chemins de halage restaurés, ou leur cours contenu par des digues. Dans le nombre, on remarque les travaux exécutés sur la Loire et sur la Charente.

La navigation du Pô est affranchie de toute entrave. Le Rhin est devenu l'objet d'une attention particulière. L'octroi de navigation, mis en activité sur tous les points, assure les moyens de délivrer ce beau fleuve des obstacles qui obstruent son cours.

Quatre ponts ont été achevés pendant la dernière campagne, ou sont sur le point de l'être. Dix autres sont en pleine activité ; on remarque dans ce nombre ceux de Roanne et de Tours. Celui de Strasbourg à Kehl commence sur un plan ingénieux qui permettra de l'enlever et de le rétablir à volonté, avec célérité et économie ; le pont Saint-Esprit, qui ne pouvait donner passage à aucune voiture chargée, recouvre toute l'utilité de son service, par l'élargissement qu'il a reçu ; le pont Saint-Nicolas, près Belfort, et celui d'Auberive sur la Varaise, approchent de leurs termes ; celui d'Avignon vient d'être adjugé ; le Gouvernement a acquis celui de la Mulatière, au confluent du Rhône et de la Saône.

Dix canaux, presque tous commencés sous ce règne, sont en activité et se poursuivent. Dans ce nombre, celui de l'Ourcq est porté aux trois quarts ou aux quatre cinquièmes ; les deux percemens de celui de Saint-Quentin qui joint la Seine à l'Escaut, Paris à la Belgique et à la

Hollande,

Hollande, sont effectués ; il seront terminés dans dix-huit mois, et le problème de cette navigation souterraine est résolu ; tous les ouvrages d'art de ce canal peuvent être considérés comme achevés ; celui du Nord, qui joint l'Escaut au Rhin, sans l'intermédiaire de la Hollande, est commencé dans la partie qui s'étend de l'Escaut à la Meuse ; il unira la Belgique aux départemens du Rhin, une conquête de la France à une autre conquête, et ces deux contrées, étonnées peut-être de se trouver sous la même domination, ne le seront pas moins d'une communication que jamais leurs anciens possesseurs n'auraient exécutée, et qui ne sera pas un des moindres bienfaits de leur réunion à l'Empire. Les travaux du canal Napoléon, destiné à joindre la mer du nord à la Méditerranée par une communication qui, embrassant le cours du Rhône, de la Saône et du Rhin, borde ou traverse la France dans sa plus grande longueur ; ces travaux, dis-je, sont entrepris et en grande activité sur toute la ligne ; les canaux de Niort à la Rochelle, de l'Ile à la Rance, sont en pleine activité ; celui du Blavet avance rapidement ; celui d'Aigues-mortes à Beaucaire vient d'être achevé ; la partie du canal de Bourgogne, de Dijon à la Saône, sera navigable cette année.

B

Plusieurs autres ont été repris ou réparés ; tous seront continués jusqu'à leur entière exécution.

Les ports maritimes ont aussi vu des créations nouvelles. Anvers s'enorgueillit de ses chantiers bâtis, comme par enchantement, sur un sol devenu étranger à toute construction maritime. Anvers, qui, dans les jours de sa gloire, n'était qu'un port de commerce, fermé ensuite par une politique bien aveugle ou bien timide, Anvers, qui n'était plus rien, devient un centre de marine militaire. Pour la première fois, cette partie de l'Escaut voit flotter des vaisseaux de soixante-quatorze et de quatre-vingts canons ; quatorze sont sur le chantier ; plusieurs ont été lancés et sont arrivés à Flessingues, après une navigation difficile, heureuse et sans exemple. Ceux qu'on a lancés ont été remplacés au même instant sur les chantiers qu'ils avaient quittés. De toutes les parties de la Belgique, de la Hollande, des bords du Rhin, de la Meuse et de l'Escaut, on est venu contempler ce beau spectacle, jouir de cette conquête faite au profit de l'Océan. Combien Anvers a dû s'enorgueillir de sa nouvelle destinée ! D'autres vaisseaux seront lancés dans peu de mois, remplacés par un pareil nombre, et des escadres entières sortiront de ce port, qui semblait avoir oublié les droits que la nature lui donna sur les mers.

Flessingues, qui jadis n'offrait un asile qu'à des vaisseaux de petite dimension, et qui a vu élargir son écluse, creuser ses bassins, se trouve en état de recevoir une escadre.

A Dunkerque, la jetée de l'ouest a été reconstruite, et les travaux ordonnés par le décret du 28 nivôse an 13, sont presque achevés.

A Calais, les deux jetées de l'est et de l'ouest ont été réparées ou reconstruites.

A Cherbourg, les deux môles sont élevés et les ouvrages approchent de leur terme. Au milieu des mers, la batterie Napoléon, couverte de canons, ferme la rade aux vents et à l'ennemi.

A Rochefort, il a été établi un appareil ingénieux, à l'aide duquel les vaisseaux du premier rang pourront entrer et sortir à toutes les marées.

Un bassin a été commencé à Dieppe, dont l'établissement promet une grande utilité aux pêches et au commerce maritime de ce port.

Le curage du port de Marseille, si vivement desiré par le commerce, est déjà porté à plus de moitié, autant qu'on peut calculer d'après les sondes qui ont été faites.

D'aussi grands ouvrages, entrepris à-la-fois, exigent du temps et de la constance. Mais la constance, qui toujours assure le succès, appartient sur-tout à un Gouvernement à qui le sentiment de sa force donne aussi celui de sa durée, dont la marche est invariable parce qu'il n'a qu'un but, et qui, en maîtrisant le présent, a toujours les yeux fixés sur l'avenir. Tant d'ouvrages entrepris, tant d'autres achevés, auraient suffi à la gloire de plusieurs des règnes précédens; mais l'EMPEREUR n'y voit encore que des travaux commencés au milieu des orages de la guerre; d'autres, en plus grand nombre, vont occuper les loisirs de la paix; il est dans l'intention du Souverain qu'il n'y ait aucune partie, même des plus reculées de ce vaste Empire, qui ne ressente les effets de son Gouvernement, par des améliorations dont le résultat infaillible sera d'augmenter l'aisance du peuple et la prospérité de l'État. Il entre aussi dans son système d'exciter le zèle des communes et de seconder leurs efforts pour l'amélioration des chemins vicinaux : ici l'administration encourage ce qu'elle ne peut, ce qu'elle ne doit pas faire elle-même, sachant que ces obscurs et modestes travaux qui ont pour objet les communications les plus rapprochées, n'importent pas moins aux premiers besoins des peuples que ces communications lointaines, que ces immenses travaux qui, changeant la direction des eaux, creusant de nouveaux lits aux fleuves, abaissant, pour ainsi dire, le sommet des montagnes , commandent la juste admiration et la reconnaissance des peuples.

L'agriculture , la première , en recueille les Agriculture. fruits ; d'autres mesures lui sont également favorables. Le desséchement des marais du Contentin et de Rochefort est en pleine exécution; ceux de Bourgoing confiés aux héritiers de leurs anciens concessionnaires, promettent à la culture une vaste étendue de terrain, et rendront la salubrité à la contrée qui les environne; cette faveur du Gouvernement est accordée à la juste espérance d'une prompte exécution de cet important ouvrage ; les concessionnaires actuels répareront, par leur activité, le tort de leurs devanciers. Un exemple a fait connaître combien le Gouvernement desire encourager, dans les communes rurales, les échanges propres à faire disparaître la dissémination et l'enchevêtrement des pièces de terres; il a exempté des droits ordinaires d'enregistrement, la première commune dont les habitans ont exécuté cette opération par un concert général, Si de pareilles opérations se multipliaient, une étendue prodigieuse de terrain perdu en clôtures, en servitudes, serait rendue à la fécondité, en même temps que les fatigues et le temps du laboureur seraient épargnés. Cet

B 3

encouragement peut être regardé comme le germe d'une grande et heureuse réforme. Les sociétés d'agriculture secondent avec zèle les vues du Gouvernement, en propageant les bonnes méthodes. Quelques mesures partielles ont eu lieu relativement à l'éducation des vers à soie, à celle des bêtes à cornes, à la culture des arbres fruitiers, aux recherches faites sur les productions naturelles des contrées les moins connues de la France.

L'existence de nos fabriques de coton étant consolidée et prenant une extension remarquable, le Gouvernement a dû examiner s'il ne pourrait pas leur faire trouver en France la matière première qu'elles tirent de l'étranger. On s'occupe de reconnaître les lieux où la culture du coton pourrait être introduite avec succès et sans nuire à des cultures plus importantes; on réunit toutes les lumières propres à la diriger; des encouragemens sont promis aux premières tentatives.

Un intérêt plus grand encore, et qui est du premier ordre pour le commerce et l'industrie, l'amélioration de nos laines, a été l'objet d'une constante sollicitude. Tous les moyens sont pris pour éclairer les agriculteurs sur ce grand intérêt, pour leur faciliter les moyens d'y atteindre. Sept

bergeries nationales, placées sur divers points de
l'Empire, et dans une situation centrale, conserveront la race dans toute sa pureté, la multiplie-
ront et la propageront par des ventes annuelles;
des bergers seront instruits dans les soins qu'elle
exige, et l'instruction se trouvera jointe à
l'exemple.

Mais la plus importante des améliorations et
en même temps la plus difficile, parce qu'il fallait
réparer les pertes passées, en même temps que
préparer les progrès à venir, était celle de nos
races de chevaux, jadis si justement célèbres, et
en peu d'années presque entièrement détruites.
La restauration des haras, que nous vous annon-
çâmes l'année dernière comme une opération
commencée, a été très-avancée pendant le cours
de celle-ci. L'EMPEREUR en a fixé l'organisation et
le régime général; trois nouveaux haras, douze
dépôts d'étalons ont été établis; ils renferment en
ce moment près de neuf cents animaux, jumens ou
poulains du plus beaux choix, dont une grande
partie a été acquise cette année; un convoi nombreux envoyé par l'EMPEREUR pendant le cours
de ses conquêtes, est venu les enrichir; le service de la monte est établi et régularisé dans
un grand nombre de départemens; des primes
accordées dans les foires, des récompenses

décernées dans les courses publiques, excitent l'émulation des propriétaires; et l'attention que le Gouvernement a donnée à cette administration a été utile, moins encore par ses suites immédiates et nécessaires, que par le zèle qu'elle a excité parmi les propriétaires pour l'élève des chevaux et la perfection de la race. Le Gouvernement a plus fait faire qu'il n'a fait; ce qui est le caractère d'une bonne institution publique.

Les écoles vétérinaires prospèrent et peuplent de sujets instruits les armées et les campagnes. Leur enseignement a reçu une nouvelle extension. Dans leur sein s'ouvrent des cours pratiques d'économie rurale, où des élèves fermiers s'instruisent dans les bonnes méthodes, les appliquent eux-mêmes sur le terrain, et se préparent, lors de leur retour dans les champs, à affaiblir par leur exemple l'influence de cette routine aveugle et obstinée, qui est sans doute le plus grand obstacle aux progrès de l'agriculture.

Le code rural se rédige avec la maturité qu'exige un travail qui doit offrir une nouvelle garantie à la propriété, faire cesser les abus en respectant les usages locaux, et régulariser, sans la contraindre, l'industrie qui est l'origine et l'aliment de toutes les autres.

Ces deux bienfaits , les premiers de tous , une législation sage , une instruction solide et féconde , sont appliqués également à l'industrie commer-çante et à l'industrie manufacturière.

Un code se prépare pour le commerce, un code mûri par des discussions approfondies ; il a pour objet de remettre en vigueur tout ce que l'expérience a pu faire reconnaître d'utile dans les ordonnances anciennes , en l'appropriant au temps présent. En protégeant la bonne foi des transactions, en réprimant, par des lois sé-vères, le scandale toujours croissant des faillites , il achevera de consolider le crédit, et relèvera une des professions les plus utiles et les plus honorables de l'État ; il lui rendra cette antique loyauté qui doit être toujours son premier ca-ractère.

La loi que vous avez rendue l'année dernière sur l'établissement du tribunal des prud'hommes a produit des effets salutaires, et plusieurs villes de fabrique se sont empressées, d'après la lati-tude que cette loi avait sagement laissée, de demander à être admises au bienfait de cette ins-titution.

L'existence des chambres de commerce a été affermie, et les travaux de plusieurs d'entre elles continuent d'attester la réunion du dévouement

et des lumières ; bientôt les chambres consulta-
tives d'arts et manufactures seront appelées à
rendre aussi les plus utiles services.

Le Gouvernement a fondé des écoles destinées
à former des élèves qui ne seraient pas seulement de simples ouvriers , et dans lesquelles les
procédés des arts seraient enseignés en même-
temps que les principes des sciences dont ils
tirent un nouveau degré de perfection ; celle
d'arts et métiers de Compiègne, transférée à
Châlons-sur-Marne, a été reçue par les habitans
de cette ville avec les témoignages les plus em-
pressés ; celle de Beaupreau sera formée inces-
samment ; celle de Saint-Maximin n'est retardée
que par d'immenses réparations qu'exige le local.
Dans ces écoles, sans modèle dans aucun temps
ni chez aucun peuple, se forment des charpen-
tiers, des forgerons, des ouvriers en tout genre
qui savent calculer, qui connaissent la géométrie
descriptive et ont des notions de physique et de
chimie ; ils étudient le mécanisme des machines,
et les exécutent avec succès ; unissant l'habitude
des combinaisons de l'esprit à l'adresse de la main
qui exécute, ils sont remarqués par leur intelli-
gence à concevoir leur plan et par la perfection
de leur ouvrage. Leur penchant en entraîne un
grand nombre dans la carrière militaire ; et si

jamais la gloire appelle encore nos armées dans ces contrées lointaines où les bras manquent, où l'industrie est à peine naissante, où la nature multiplie les obstacles, leur Chef trouverait dans les militaires sortis de ces écoles, des bras qu'il pourrait employer pour renouveler les miracles de son génie, exécuter quelques-uns de ses plans, établir sur de larges rivières des ponts durables, bâtir des villes, donner une face nouvelle à toute une contrée, et élever des monumens qui, indiquant ses traces glorieuses, seraient aussi des bienfaits pour les peuples qui les verraient naître.

L'école pratique des mines de Pezay obtient les succès les plus complets. Une autre école pratique, d'après un décret de l'EMPEREUR, se forme à Geisslautern (Sarre), pour l'étude d'un des arts les plus importans, parce qu'il sert de fondement à une foule d'autres, parce qu'il s'applique à une substance minérale dont le sol de la France est très-riche, je veux dire le traitement du fer ; et de là sortiront de précieuses lumières pour perfectionner nos usines. Une école de dessin et de géométrie descriptive appliquée aux arts mécaniques a été placée au conservatoire des arts et métiers, à côté de l'école de filature. Des élèves tirés de l'école des arts sont instruits à Paris, aux frais du Gouvernement, dans la fabrication des instrumens de physique, devenus aussi parfaits parmi nous qu'en Angleterre, et dans celle des montres marines, justement appelée l'horlogerie transcendante, comme servant aux progrès de la plus noble des sciences, l'astronomie, et du premier des arts, la navigation, les deux plus illustres conquêtes du génie, du courage et de l'industrie humaine.

Commerce extérieur. — Quelques branches du commerce extérieur ont souffert; cependant plusieurs relations se sont étendues, consolidées ou rétablies : l'Italie offre au commerce français des débouchés plus considérables; l'Amérique a fait à nos manufactures des commandes inattendues, en retour des tabacs et des denrées coloniales qu'elle nous fournit, et le commerce que nous faisons avec elle, ramené à son véritable esprit, reprend son équilibre; la Suisse cesse de servir d'intermédiaire à un commerce rival. L'Angleterre, punie dans la cause même qui a inspiré sa cruelle politique, voit ses marchandises repoussées par l'Europe entière; et ses vaisseaux, chargés d'inutiles richesses, errant sur ces vastes mers où ils affectaient de régner par le monopole, cherchent en vain, depuis le détroit du Sund jusqu'à l'Hellespont, un port qui s'ouvre pour les recevoir.

Le Levant, cet ancien apanage du commerce français, ravi par la ruse, lui est rendu par l'indignation ; les mers du Levant rappellent les marchandises françaises. Au moment de cette importante révolution, les négocians français s'empresseront sans doute d'établir la réputation de leur loyauté dans ces contrées, où la simple bonne foi préside aux transactions du commerce. Le Gouvernement veillera, de son côté, à ce que les consommateurs des Échelles ne soient point trompés dans leur confiance ; il s'occupe de rétablir, avec les modifications que les circonstances ont rendues nécessaires, des réglemens dont l'expérience a démontré la sagesse et l'efficacité. La guerre actuelle n'est que la guerre de l'indépendance du commerce ; l'Europe le sait, et l'EMPEREUR a constamment cherché dans la garantie de cette indépendance la première base de toute négociation, comme il a vu dans sa violation la première cause des hostilités. Chacune de ses conquêtes, en fermant un débouché à l'Angleterre, a été une conquête future pour le commerce de France. Ainsi, cette guerre, qui avait suspendu momentanément toutes ses relations, a été sur-tout faite pour son intérêt, pour l'intérêt de toute l'Europe opprimée par le monopole de l'Angleterre.

Manufactures. Quelques ateliers aussi ont dû éprouver, par l'effet inévitable des circonstances, une stagnation momentanée. L'EMPEREUR, du milieu de ses camps, a porté sur eux la sollicitude la plus attentive ; il a pourvu à leurs besoins avec une générosité qui exciterait toute votre reconnaissance, s'il m'était permis d'en révéler le secret dans toute son étendue : le mal qui pouvait être prévu ou réparé l'a été, et l'activité des fabriques a été maintenue autant que la circonstance pouvait le permettre.

Heureusement cette gêne n'a point atteint les genres de fabrication les plus essentiels : il en est même qui se sont relevés cette année, et la cause en est dans cette mesure qui ferme le continent aux marchandises anglaises, secondée par le salutaire décret du 22 février 1806, converti en loi dans votre dernière session.

Il y a vingt mois, nos filatures étaient menacées d'une inaction entière ; leurs magasins étaient engorgés, leurs ateliers découragés, des milliers d'ouvriers sans emploi ; leur voix fut entendue du Chef de l'État ; une discussion approfondie eut lieu en sa présence; le décret du 22 février leur rendit l'espoir. Il a fallu quelque temps, sans doute, pour que son influence se fît ressentir : d'immenses approvisionnemens existaient; ils ont dû s'écouler, et cela même prouve combien le remède était nécessaire. Mais enfin, le moment est arrivé où l'industrie française, secondée par les succès de la guerre, a remplacé les étoffes que nos goûts empruntaient à l'industrie étrangère, et pendant la saison la plus difficile de l'année, un grand nombre d'ateliers se ranimant ont offert le spectacle du travail succédant à celui de la misère.

Il est nécessaire de le dire, les manufactures ne prospèrent véritablement que chez les nations où une sorte d'esprit public s'est établi en leur faveur; cet esprit, nos anciennes institutions l'empêchèrent trop long-temps de naître; le Gouvernement actuel n'a rien négligé pour le développer. Une circonstance mémorable a prouvé cette année que ses efforts n'ont pas été vains. Aucun spectacle peut-être n'a attiré, pendant une aussi longue durée de temps, un aussi nombreux concours, n'a paru exciter un intérêt et une curiosité plus soutenus et plus universels que l'exposition des produits de l'industrie, qui a eu lieu il y a dix mois. On ne saurait dire ce qu'il y a de plus honorable pour la nation, de cet empressement du public, ou du tableau qui l'attirait. Plusieurs milliers de produits divers provenant des fabriques disséminées sur la surface de ce vaste Empire, classés suivant les genres et suivant l'ordre des départemens, étalaient sous les yeux, dans leur immense variété, l'histoire entière de nos arts et la description industrielle de la France; les arts de luxe s'y montraient dans toute leur pompe; les arts utiles, sous des formes plus modestes, y offraient de précieux sujets d'étude aux regards des hommes instruits. Jamais autant d'objets de comparaison ne s'étaient trouvés réunis; jamais des progrès aussi rapides n'avaient été constatés. La fierté nationale jouissait de ces succès; les fabricans présens à ce spectacle s'éclairaient par les rapprochemens, et s'enflammaient d'une émulation nouvelle. Les couronnes ont dû être multipliées bien au-delà du nombre promis; les moindres distinctions sont devenues un grand honneur. Malheureusement il a manqué aux unes et aux autres, ce qui devait en être le prix le plus enivrant : il a manqué à ce beau et rare spectacle ce qui devait en faire le principal éclat, la présence du Souverain, dont tant de milliers d'hommes avaient ambitionné dans leurs efforts un seul regard, mais ce regard qui récompense,

qui

qui enflamme, qui anime tout de sa grandeur et de sa puissance.

On savait déjà, et cette exposition en a fourni de nouvelles preuves, on savait déjà que les Français sont inimitables dans tous les arts où l'élégance et le bon goût concourent à la perfection du travail. Mais on a eu occasion de reconnaître qu'à l'égard de plusieurs autres, nous sommes plus riches et plus avancés qu'on ne croyait : ainsi l'exposition a offert une assez grande abondance d'aciers de très-bonne qualité, ou naturel, ou de cémentation ; et nous pouvons même annoncer avec confiance que la fabrication de l'acier fondu, si long-temps desirée par nos arts, est introduite en France, de manière à pouvoir en remplir les besoins; la fabrication des fils de fer, des cardes, des limes, des faulx, des tôles, a fait des progrès; celle des aiguilles semble n'en avoir plus à prétendre. On a vu avec satisfaction la fabrication des tulles naturalisée en France. Chaque jour, le flambeau de la science prête aux arts de précieuses lumières, et les conduit à des procédés utiles; la multiplication des manufactures de produits chimiques en est un des plus importans résultats. Les divers genres de mécaniques sont exécutés aujourd'hui avec le plus haut degré de soin et de précision,

C

et le Gouvernement, par l'envoi gratuit de divers assortimens, s'efforce d'en généraliser l'usage, persuadé que des préjugés vulgaires ne repousseront plus l'emploi de ces agens qui, en économisant les bras de l'homme, augmentent sa puissance, et multiplient les productions avec les moyens de produire.

La fabrication des draps, la première branche de l'industrie française, se maintient digne de la réputation qu'elle s'est acquise ; deux circonstances se réunissent pour lui faire obtenir successivement le seul avantage qui lui manque encore, une plus grande économie dans les prix ; c'est l'adoption des nouveaux systèmes de mécaniques et l'amélioration progressive des laines nationales. Les observateurs ont pu juger, à l'exposition de 1806, à quel point ce second genre d'amélioration se trouve déjà porté. Pour la première fois, ils ont vu réunis les échantillons de laine venus de tous les points de la France ; ils ont pu comparer les productions de près de cent troupeaux de race pure ou de métis, et près de là apercevoir aussi du drap fabriqué avec ces laines par nos meilleures manufactures.

C'est ainsi que, même sous le poids d'une guerre extérieure, aucun des intérêts de l'ordre public, aucune des ressources de la richesse nationale, aucun des besoins des arts utiles, n'ont échappé à l'attention vigilante du Chef de l'État.

Son attention n'a pas négligé ces arts brillans, en même temps qu'ils sont utiles, placés au premier rang, parce qu'ils tiennent davantage à la perfection de la société, à la culture des plus nobles facultés; parce qu'ils ont pour objet, non les besoins de la multitude, mais les jouissances de l'homme instruit et délicat; arts qui, pour une nation pleine d'esprit et de lumières, sont aussi des arts nécessaires : par eux sont créés ces beaux monumens, nobles témoins qui attestent à l'histoire la grandeur d'un Gouvernement et le génie du prince et de la nation.

L'EMPEREUR a voulu que sa capitale, devenue la première capitale de l'univers, répondît par son aspect à une si glorieuse destination. A l'une des extrémités de Paris, un pont est achevé; le pont d'Austerlitz : à l'autre, un pont est commencé; il sera le pont d'Jéna, nom célèbre à jamais dans nos annales. Ainsi la Seine, chargée pour ainsi dire des trophées de nos guerriers, attestera aux races futures que, dans ce siècle de merveilles, la main qui gagnait une victoire et renversait un trône, élevait en même temps un monument d'utilité publique, et que l'auteur de tant d'exploits ne les faisait servir qu'à la prospérité du peuple dont il immortalisait la gloire. Les quais se prolongent successivement sur les deux rives de ce fleuve. Des fontaines nouvelles ont été construites; les anciennes ont reçu plus d'eau; toutes coulent nuit et jour dans tous les quartiers de la ville, montrant aux dernières classes du peuple le souvenir que son EMPEREUR a de ses moindres besoins; c'est une faible partie d'un grand plan conçu pour la salubrité et l'agrément de la capitale, dans laquelle le canal de l'Ourcq, bientôt achevé, versera un torrent d'eau salubre propre à tous les besoins, qui inondera toutes les rues, emportant les immondices de cette ville immense, après l'avoir embellie par sa présence, et alimentée par ses transports. Des communications nouvelles sont percées de toutes parts. Le Louvre avance avec rapidité, marquant à la suite des uns des autres les siècles de François I.ᵉʳ, de Henri IV, de Louis XIV, ranimés à la voix de NAPOLÉON. L'Odéon est rendu à un art dont il fut long-temps en Europe la plus belle école ; la colonne de la Grande Armée s'élève au milieu de la place Vendôme ; le monument de Desaix au milieu de celle des Victoires, la statue d'Hautpoult ornera la place des

Vosges ; deux arcs de triomphe sont érigés ou fondés , l'un près de ce palais habité par le génie de la victoire ; l'autre à la plus belle avenue de la plus belle ville du monde ; il annonce de loin à l'étranger, que cette ville est le centre de la patrie des héros ; il rappellera à la postérité l'époque des plus mémorables faits d'armes qu'offrent nos annales et les annales d'aucun empire. Le palais dans lequel vous résidez s'orne, d'après vos vœux , d'un péristile dont la majesté annoncera le sanctuaire des lois, répondra à la beauté de l'édifice et à la magnificence du coup d'œil qu'il va compléter.—— Vis-à-vis le temple des lois sera le temple de la Victoire. Nos neveux , vivant heureux à l'ombre de ces lois , sauront que ces brillantes victoires ne furent gagnées que pour en assurer l'empire , que pour en éterniser les bienfaits ; ils sauront aussi que les bonnes lois, leur fidèle observation, préparent les victoires, et, non moins qu'elles, assurent la durée des empires. Au milieu est le palais du Souverain : ainsi, le trône est entre la justice et la gloire.

C'est le 2 décembre , anniversaire de cette bataille d'Austerlitz, qui était elle-même l'anniversaire de son couronnement, que l'EMPEREUR, par un décret rendu au sein de la Pologne , a donné à un édifice à peine commencé, abandonné

après trente ans de travaux, cette noble destination. Ainsi, le vainqueur récompense ceux
qui ont vaincu sous lui; il associe à son immortalité les héros qu'il a formés; son nom ,
plus durable que le monument qui en sera décoré , perpétuera leurs noms et la gloire qu'ils
ont acquise en combattant sous ses ordres ; une
suite de trophées décorera l'enceinte du monument ; le marbre, l'or et l'argent conserveront ,
dans un livre éternel, ces fastes de l'héroïsme.
Là, sera célébrée la mémoire de ceux qui se dévouèrent pour la patrie et pour ses saintes lois :
là seront décernées les récompenses méritées
par la valeur : là , notre belliqueuse jeunesse sera
instruite dans le sentiment de l'honneur par de
si nobles exemples : ce sera le sanctuaire de la
gloire. Le génie des arts s'est éveillé à la voix de
l'EMPEREUR , et à la pensée d'un ouvrage où
tout se réunit pour l'exalter; malgré l'extrême
brièveté du temps , aucun concours d'architecture n'avait été aussi brillant que celui ordonné
pour le plan de ce monument, qui sera la première décoration de la capitale.

Les travaux du Panthéon avancent ; ceux de
Saint-Denis sont à peu près terminés ; les constructions de Napoléon et celle de Napoléon-
Ville se poursuivent ; plusieurs églises , divers

palais épiscopaux ont été restaurés dans les départemens. Le tombeau de Desaix est assis sur
le sommet des Alpes, non moins étonnées de
voir pour la première fois un monument sorti
du ciseau de nos artistes, qu'elles ne l'ont été du
passage, également sans exemple, d'une armée
traînant à bras d'hommes sa nombreuse artillerie.
Dominant, d'un côté sur la France, de l'autre
sur l'Italie, ce tombeau attestera à toutes deux
les honneurs rendus par leur commun libérateur,
à son compagnon, à son ami mort au sein du
triomphe qui acheva leur alliance et fixa leurs
doubles destinées.

Les monumens fondés ou restaurés seront re-
vêtus d'inscriptions analogues à leur caractère;
l'Institut de France a reçu l'honorable mission
de les tracer; il rédigera le projet des médailles
frappées par le Gouvernement, et la science,
ainsi, s'unira aux arts pour perpétuer tous les
souvenirs chers à la gloire nationale.

Quelle plus noble carrière fut jamais ouverte
aux beaux arts! Jamais règne plus propre à
nourrir dans leur ame la pensée et le sentiment
du beau, put-il offrir tant de prodiges à leur
enthousiasme, à leurs travaux tant de nobles
sujets, à leurs efforts d'aussi nombreux encouragemens!

L'École française presque entière est occupée à retracer sur le marbre ou sur la toile les principales époques de ce règne glorieux, pendant que l'Empereur lui envoie, du sein des États conquis, de nouvelles collections de modèles. L'école des beaux-arts, de Lyon, a pris naissance cette année. Un cours de déclamation a été joint au conservatoire de musique ; il sera utile tout ensemble et à la langue et à l'art théâtral.

Théâtres.

Instruction publique.

Les intérêts de l'enseignement sont une des pensées habituelles de l'Empereur. Pendant la période trop courte de son séjour à Paris, c'est l'objet qui l'a le plus occupé. Un plan d'Université générale, embrassant tout le système de l'éducation publique, établissant les rapports de ceux qui doivent y concourir, avec le Gouvernement, entre eux-mêmes et avec les citoyens, tendant à leur donner un esprit commun, assurant un grand intérêt au succès de leurs travaux, comme il leur en assure la récompense ; ce plan a donné lieu à de nombreuses et profondes discussions du Conseil d'état. La guerre a retardé pour la France le moment de jouir de cet inestimable bienfait : l'Empereur veut encore le perfectionner. Avant de s'en occuper, ou plutôt de paraître s'en occuper, il s'était fait mettre sous les yeux le compte le plus détaillé de la situation de tous les établissemens actuels, du nombre de leurs élèves, de leur discipline, de leurs études, de leurs ressources et de leurs dépenses. Plusieurs lycées ont été organisés cette année; leur nombre total s'élève actuellement à trente-cinq; le nombre des élèves admis à partager les bienfaits du Gouvernement s'est trouvé beaucoup accru cette année par l'exécution de l'arrêté du 3 floréal an 13. Là, se forment, pour l'honneur des sciences et des lettres, pour la gloire et le service de l'État, plus de huit mille élèves, dont trois mille sept cents doivent en tout ou en partie leur éducation à la munificence nationale. Il n'est presque plus une ville qui n'entretienne une école secondaire à ses frais, et n'en possède plusieurs particulières; le nombre d'élèves des lycées et de ces écoles excède de beaucoup le nombre des étudians que l'on comptait avant la révolution dans les universités et dans les colléges; les inspecteurs généraux des études, dans la dernière inspection qu'ils ont faite des écoles de Paris, ont trouvé le degré d'avancement dans les études, supérieur à ce qu'il était autrefois.

Les douze écoles de droit sont organisées; déjà plus de deux mille étudians s'empressent d'y puiser la connaissance des lois, et promettent à l'État une pépinière de savans jurisconsultes et de magistrats éclairés.

On a suivi le développement du système qui vous fut exposé l'année dernière, et qui a pour objet de faire servir les hospices à l'avancement de l'art médical dans les provinces, tirant ainsi du soulagement donné à l'humanité souffrante, de nouveaux moyens pour en prévenir ou en diminuer les maux. Des écoles gratuites de médecine-pratique ont été établies dans les villes d'Amiens, Besançon, Bruges, Bruxelles, Gand, Clermont-Ferrand, Angers, Grenoble et Poitiers. Les cours d'accouchement établis à l'hospice de la maternité, et qui, depuis leur formation, ont déjà donné près de quatre-cents sages-femmes instruites, aux départemens, viennent d'être soumis à des mesures qui acheveront d'en régulariser les travaux, et d'en assurer les succès.

Les opérations relatives à la mesure de l'arc du méridien de Barcelonne aux îles Baléares, ont été reprises et seront continuées cet hiver. L'observatoire du Panthéon a été rétabli; celui de Turin est rendu à l'astronomie.

Littérature. L'EMPEREUR desire que les belles-lettres partagent sous son règne l'impulsion donnée à tout ce qui est grand, utile et honorable à la nation ; que la langue française, devenue plus que jamais la langue de l'Europe, continue de justifier ce privilége éclatant par son élégance, sa pureté et le choix de ses productions. Son vœu ne sera point trompé ; des talens s'annoncent, qui donnent de précieuses espérances. Que l'opinion publique encourage leur naissance, les protège contre les atteintes du dénigrement et de la malignité ! qu'il n'y ait désormais pas plus de sectes parmi les gens de lettres qu'il n'y a de partis politiques dans l'État ; que la littérature trouve dans l'alliance du goût avec la morale, le principe le plus certain de ses succès ; que la critique devienne décente pour être utile ; que les hommes appelés à la noble fonction d'éclairer et d'instruire, dédaignent les suffrages mendiés, les prétentions puériles et les succès d'un jour ; que, le regard fixé sur le but élevé qui leur est offert, sur les glorieux objets qui les entourent, ils aspirent aux couronnes qui ne peuvent se flétrir ; qu'à la voix d'un prince généreux s'allume dans leurs ames la flamme créatrice de toutes les grandes conceptions ; qu'ils soient les dignes témoins d'un tel siècle, ils mériteront d'en être les peintres, et de passer avec lui à la dernière postérité.

Les sociétés littéraires seconderont cet essor. L'Empereur desire qu'elles servent de guide à l'opinion publique, qu'elles soient le tribunal du goût; il les invite à reprendre les grands travaux entrepris, en divers temps, par le concert d'écrivains laborieux; il veut que l'histoire littéraire de France, tracée par leurs soins, énonce des jugemens calmes et durables, et devienne le monument solennel qui conservera le souvenir des écrivains dignes d'estime, honorés du suffrage public et des témoignages de sa bienveillance. Ces compagnies répondront à son attente par leur impartialité et par un redoublement de zèle; les talens qu'elles auront signalés, les écrits utiles qu'elles auront remarqués pendant le cours de l'année, recevront la plus précieuse des récompenses, en obtenant l'attention du Souverain, qui, si puissant dans les arts de la guerre, a voulu être le restaurateur, le promoteur de tous les arts de la paix.

Cependant le Chef de l'État ne dédaigne pas d'étendre aussi sa pensée sur le genre d'instruction qui convient aux classes inférieures de la société; instruction qui, en les formant dans l'habitude des bonnes mœurs, leur donne les notions élémentaires utiles à leurs travaux. Plusieurs institutions ont été autorisées, dont le zèle répandra cette simple et utile semence dans les ateliers et dans les campagnes. Elles seront secondées par les soins paternels de ces pasteurs dont la présence et les fonctions sont aussi une sorte d'enseignement continuel de la première de toutes les sciences, l'amour du bien et la pratique des vertus.

Le Gouvernement n'a que de la satisfaction à témoigner en général aux membres du clergé, dans tous les degrés de la hiérarchie ; il offre, plus qu'à aucune époque, des mœurs pures, une piété tolérante, un grand désintéressement, une application constante à ses devoirs. S'occupant sans relâche de la noble tâche qui lui fut donnée, la restauration de la morale publique et privée, il sent que l'obéissance aux lois est une branche essentielle de l'une et de l'autre, et que de toutes les lois, la loi qui a pour objet la défense de l'État, est la plus sacrée de toutes, celle dont la prompte et entière exécution est le plus recommandée par les sentimens religieux comme par l'amour de la patrie.

Les divers cultes autorisés dans l'Empire vivent dans une union digne de l'esprit qui leur est commun, comme elle est honorable pour leurs ministres.

Israëlites.

Des départemens qui avoisinent le Rhin sont arrivées à l'EMPEREUR des plaintes unanimes sur les usures exercées par quelques individus professant la religion juive. La vérification des faits a prouvé que, sans un prompt remède, le fruit de ces usures aurait consommé en entier les richesses et les ressources de ces belles provinces. L'EMPEREUR a dû calmer les justes craintes de tant de milliers de cultivateurs; mais en apportant ce remède partiel et momentané, l'EMPEREUR a formé une conception plus vaste et d'une influence plus durable; il a vu, dans les habitudes anciennes et dans la fausse interprétation de quelques points de doctrine, la première cause du mal qui avait excité ces réclamations. Pour se dispenser de perpétuer ou les précautions ou les peines, il a voulu régénérer les mœurs d'une portion de cette classe par le concours de la classe toute entière, par l'influence de l'autorité religieuse dont elle reconnaît les lois. L'EMPEREUR savait qu'il est parmi les Juifs de ses États, un grand nombre d'hommes dont les opinions sont saines, la conduite irréprochable, qui gémissent les premiers des torts de leurs co-religionnaires; et loin de confondre ces hommes estimables avec ceux qui méritent une juste censure, il a appelé les premiers à exécuter les mesures qui doivent préparer la réforme des autres. Une assemblée générale a eu lieu, qui a projeté les réglemens de police ; un grand sanhédrin, assemblée dont les Juifs, depuis tant de siècles, n'avaient point vu d'exemple, a proclamé les devoirs religieux ; il a solennellement déclaré que la loi de Moïse, bien loin d'autoriser ses sectateurs à devenir habitans d'un État sans en adopter les intérêts, sans en reconnaître les autorités, sans en suivre les lois, leur prescrit au contraire et les sentimens qui les attachent à leur patrie adoptive, et l'obéissance à toutes ses institutions, et le devoir de s'armer pour sa défense. Bientôt des réglemens seront arrêtés qui achèveront ce grand ouvrage, régulariseront l'exercice du culte hébraïque. Cette réforme, qui fera époque dans les annales des Israëlites, sera pour eux le sujet d'une éternelle reconnaissance. La sévérité méritée par quelques individus a été l'occasion de bienfaits répandus sur tous. Le premier de ces bienfaits est, en leur conservant le nom français, de les rendre dignes de le porter.

Telles sont les améliorations opérées dans l'administration intérieure de la France, depuis votre dernière session. Mais il y manque encore le trait principal, celui qui mérite le plus de

Finances.

fixer votre attention, l'état de nos finances. Aucune époque ne les montre aussi prospères ; aucune période aussi courte n'a été témoin d'une pareille amélioration. Le trésor public a été affranchi de la dépendance où le tenaient des entrepreneurs de service qui usaient pour sa ruine, de ses propres moyens. Les négociations, autrefois si onéreuses, sont devenues faciles et se font à un taux très-modéré ; le trésor escompte ses effets au-dessous de cinq pour cent, ce dont l'ancienne monarchie n'offre aucun exemple. Une caisse de service placée près du trésor, servant à ses rapports avec les comptables et avec le public, leur donne la facilité d'accélérer les versemens qu'ils doivent faire, offre aux particuliers un placement sûr, que l'agiotage ne peut atteindre. Par elle le trésor public peut, sans transports d'argent, en employant dans chaque lieu les recettes qui y ont été faites, en faire trouver là où les paiemens sont à faire ; ses ressources sont accrues au-delà de ses besoins. L'ancienne monarchie, dans ses énormes emprunts, ne trouvait pas une mine aussi féconde ; jamais cependant il ne fut moins nécessaire de l'exploiter ; les caisses sont pleines ; les paiemens se font à point nommé, les ordonnances sur le trésor public sont devenues les lettres de change

les

les plus sûres ; les effets publics sont ceux qui inspirent le plus de confiance.

Tel est l'effet des premiers regards que l'EM-PEREUR a donnés à l'état des finances après son retour de Vienne, et de l'attention avec laquelle il a suivi cette branche importante d'administration, et cependant aucun impôt n'a été ajouté à ceux qui existaient, aucune source de richesse nouvelle ne s'est ouverte pour le trésor ; l'ordre et la prévoyance du Chef du Gouvernement, ont seuls opéré cette incroyable amélioration.

Ne croyez-vous pas, Messieurs, que je viens de vous parler de ce qui a été fait pendant une longue et heureuse paix, où la France, environnée de peuples amis, recevant le tribut que son industrie leur impose, riche de tous ses moyens, n'avait à s'occuper que de perfectionner son administration intérieure et d'accroître sa richesse! Non, vous le savez, cette année a été une année de guerre, quoique la foudre qui a frappé nos ennemis se soit tellement éloignée qu'à peine nous avons pu l'entendre.

Aperçu de la dernière campagne.

Dès le 25 septembre, l'EMPEREUR était parti de Paris ; le 8 octobre, il était à Bamberg, à la tête d'une armée déjà réunie sur les derrières d'un ennemi qui comptait le surprendre.

D

Le 9, son avant-garde avait culbuté les avant-gardes ennemies à Schleitz et Saalfeld.

Le 14, jour anniversaire de la bataille d'Ulm, il remportait la mémorable victoire d'Jéna. Le roi de Prusse fuyait après avoir vainement combattu à la tête de cent trente mille hommes; il avait vu les princes de son sang et les vieux généraux de Frédéric, soutiens de sa monarchie, blessés ou prisonniers; son armée, boulevard de la Prusse, dispersée et détruite, et sa destruction entraînait la chute de cette puissance élevée par une suite de princes guerriers ou habiles à profiter des circonstances, étendue et fortifiée par le génie de Frédéric, accrue récemment par l'amitié de la France.

Le 16, Erfurtz capitulait.

Le 17, l'EMPEREUR était à Weymar, rétablissant l'ordre dans cette ville.

Le 18, le 19 et le 20, Leipsik, Halle et Vittemberg ouvraient leurs portes à ses troupes.

Le 23 et le 24, elles entraient à Berlin; l'EMPEREUR arrivait à Postdam, visitait Sans-Soucy, et, de sa main triomphante, saisissait l'épée de Frédéric, en honorant sa mémoire.

Le 27 et le 28, il faisait son entrée solennelle à Berlin, et passait en revue, sous les murs de cette capitale, son armée victorieuse.

Le 9 et le 10 décembre, ses avant - gardes étaient à Posen, passaient la Vistule, occupaient Thorn.

Le 15, l'électeur de Saxe et les princes de sa maison obtenaient la paix, devenaient alliés de la France, et un vainqueur généreux leur accordait un accroissement de dignités et de territoire.

Le 18, l'EMPEREUR faisait son entrée dans la capitale de la Pologne ; le 23, il passait la Narew, battait l'ennemi à Czarnovo, et le lendemain il le battait encore à Nasiesk. L'EMPEREUR passait l'Ukra, la Sona, en poursuivant cette armée qui avait prétendu défendre Varsovie et soutenir la Prusse.

Elle était atteinte et défaite, le 26, à Pulstuck et à Golymin.

L'ennemi en désordre ne doit son salut qu'à une saison extraordinaire, que ni le climat, ni l'époque de l'année ne donnaient lieu d'attendre.

La Silésie, ainsi isolée et coupée, n'ayant plus de communication ni avec la Prusse, ni avec l'armée alliée, ne pouvait tarder à tomber sous les efforts de ce jeune prince, qui, pour son coup d'essai, fait la conquête de dix places fortes, et d'une des plus belles provinces de l'Europe.

Les Russes voient l'EMPEREUR un moment immobile. Ce repos apparent excite leur audace ;

ils forment un projet téméraire : les combats de Berg-Freed, de Hof, la terrible bataille d'Eylau, ou plutôt une suite non interrompue de combats et de victoires pendant six jours, les repoussent au-delà de la Prégel, sous les murs de Kœnigsberg, et couronne cette mémorable campagne.

L'ennemi n'est point éclairé par ce revers. Après avoir laissé à l'armée le temps nécessaire pour conquérir les plus importantes forteresses de la Prusse, il marche avec une témérité nouvelle, et l'immortelle campagne de Friedland vient ajouter encore aux prodiges opérés par la Grande Armée et terminer la guerre.

Ses résultats. Pendant ce rapide espace de temps, malgré les barrières opposées par les places-fortes, les fleuves, l'hiver et la contrariété du temps, l'armée française, dans cette première partie de la campagne, a parcouru, dans sa route victorieuse, plus de trois cents lieues de pays, fait deux cent mille prisonniers, pris quatre mille huit cents canons, quatre cents drapeaux, conquis la Prusse, occupé la Pologne, menacé la Russie. Les forteresses de la Prusse tombaient les unes à la suite des autres : Stettin, Custrin, Magdebourg, Breslau, Glogau, Brieg, Nieubourg, Hameln,

avaient capitulé ; les débris d'une armée fugi-
tive avaient rendu les armes ; et l'électorat de
Hanovre, tour-à-tour confié en dépôt à la
Prusse par l'Angleterre, ou disputé entre ces
deux États, était retombé sous la puissance de la
France. La Poméranie suédoise était occupée. La
Pologne, encouragée par l'éclat de ces conquêtes,
s'était élevée contre ses oppresseurs ; elle armait
ses généreux soldats souvent témoins et compa-
gnons de la valeur française.

La Perse et l'empire Ottoman, éveillés au
bruit de ces triomphes, saisissaient avec ardeur
l'occasion offerte de secouer le joug d'une longue
oppression, et l'Asie entière se soulevait à la
voix de l'EMPEREUR pour seconder ses desseins.
Le Bosphore était devenu libre par l'apparition
et la fuite d'une flotte anglaise.

Schweidnitz, Neiss, Kosel, avaient été pris
pendant le repos de l'hiver. Dantzick, qui semblait être l'objet de la campagne, venait de
succomber. Les lauriers de Friedland ont amené
la paix de Tilsitt : *Friedland*, nom immortel que
la France répète avec orgueil, avec ceux de
Marengo, d'Austerlitz et d'Jéna ! *Tilsitt*, si cher
aux peuples de l'Europe, qui ont enfin vu le
terme des longues calamités d'une guerre si
souvent renouvelée ! On conservera à jamais le

souvenir de cette circonstance mémorable qui rapprocha et réunit deux puissans Souverains; ils seront fidèles aux engagemens qu'ils ont contractés. Puissent les événemens, que les princes ne maîtrisent pas toujours, seconder leurs vœux et maintenir cet accord qui garantit le repos du monde! Alors, ces jours, si long-temps et si vainement appelés par la philanthropie, auront lui pour la terre; le bonheur du genre humain aura cessé d'être un rêve; il datera de l'entrevue du Nyémen.

Je rappelle ces faits, sans prétendre les décrire. Ils sont consignés dans les bulletins, cette partie brillante de nos annales, qui, rédigés par ceux mêmes qui furent témoins de tant de prodiges, pourront seuls rendre croyables à la postérité tant de merveilleux événemens : vous les avez lus dans vos départemens avec l'enthousiasme qu'excite la gloire parmi des Français; ils sont présens à votre mémoire, et mon faible pinceau n'égalerait pas les souvenirs qu'ils vous ont laissés.

Examinez le résultat de tant d'événemens mémorables.

Voyez comment une sage politique a resserré tous les liens qui unissaient à la France des États que rapprochaient d'elle leurs propres intérêts. Les princes placés sur les rives du Rhin, qui, pendant les longues dissensions de l'Allemagne n'avaient trouvé de protection efficace que celle de la France, ont changé en une convention durable ces rapports passagers ; confédérés entre eux, unis à la France sans en dépendre, ils ont fixé le règne de la concorde sur un rivage trop long-temps ensanglanté. L'Allemagne entière est toute dévouée ou soumise. La Saxe a été délivrée du joug pesant de la Prusse ; après cinquante ans d'oppression, le traité de Posen lui a rendu son indépendance ; son territoire agrandi et protégé par la France sera aussi inviolable que celui du Rhin ; nos aigles le défendent contre tout ennemi ; les acclamations des peuples, l'estime et l'amitié d'un Souverain vertueux ont été dans cette heureuse contrée la plus douce de nos conquêtes.

La portion de la Pologne qui avait mérité notre reconnaissance, a acquis son indépendance et recouvré ses droits. Une constitution sage et libérale remplace son anarchie constitutionnelle. Cette généreuse noblesse qui, de son propre mouvement, a marché au-devant de son Législateur pour rendre la liberté à ses compatriotes, a obtenu de nouveaux titres à l'estime de l'Europe. Trois millions d'hommes sont redevenus libres et ont retrouvé une patrie ; cet

article seul de ses lois nouvelles place la constitution de Pologne sous la garantie de tout ce
qui professe en Europe des idées libérales et
des sentimens élevés.

Cette noble paix semble avoir été faite pour
l'intérêt de l'humanité et de l'Europe entière. Le
vainqueur n'a stipulé pour lui aucun avantage.
Dantzick a été rendue au commerce et à la liberté;
la navigation de la Vistule a été dégagée de ses
entraves; un juste équilibre a été réglé entre des
princes voisins; tout ce qui doit les unir a été
établi; tout ce qui pouvait les diviser a été écarté.
Un nouveau royaume a été fondé; Il sera le lien
de la France avec des contrées plus lointaines;
il donnera l'existence à un peuple qui, divisé
entre un si grand nombre de souverains, n'avait
pas même un nom; les habitans de tant de petits
États auront enfin une patrie; ils seront gou-
vernés par un prince français.

Naples, à qui plus d'une fois la valeur française donna et ses lois et ses princes, Naples doit
aussi à un prince français tous les biens d'une
administration douce et équitable, d'un gouvernement régulier, d'une politique invariable;
l'ordre règne dans ses murs, la paix dans ses
campagnes; le caractère de son prince promet
à cet État d'heureuses destinées.

La Hollande aspirant enfin à terminer des essais de constitutions politiques, que la condescendance avait admis, que la patience avait prolongés, a sagement adopté un gouvernement propre à diriger, vers un but utile, les moyens et les ressources qui lui restent; déjà elle attend du prince qu'elle s'est donné, le rétablissement de son antique gloire et de sa longue prospérité: douce espérance qui lui fait oublier toutes ses pertes, et semble ranimer l'énergie et l'activité de ce peuple industrieux : uni de sentimens comme d'intérêts au peuple français, il déplore comme lui un malheur domestique qui leur est commun; sous le règne d'un bon prince, ce sont presque les seuls maux qu'un peuple fidèle puisse redouter.

De tous côtés, au-delà des Alpes et des Pyrénées, de la mer du Nord jusqu'au golfe de Tarente, de l'embouchure de l'Elbe jusqu'aux sources de l'Inn, la France ne se trouve plus environnée que d'une vaste chaîne de peuples amis que ses armes avaient subjugués, que la sagesse de son Chef a rendus à l'indépendance et au bonheur; et si une politique aussi humaine, préparée depuis plusieurs années, n'a pu prévenir la guerre dernière, du moins en a-t-elle reculé le théâtre à une immense distance de nos frontières. La France tranquille, lorsque l'Europe était dévastée par la guerre, toute entière au sentiment de sa force, envisageait l'avenir avec cette sécurité que donne le souvenir du passé, desirant la paix sans être fatiguée de la guerre, et prête à suivre les hautes destinées que lui préparait celui en qui elle a mis sa confiance, sa gloire et son amour. Cette attente d'un grand peuple a été remplie, ses espérances surpassées : le moment de la prospérité est venu, qui oserait en fixer les limites !

Tel est le tableau que j'ai eu à mettre sous vos yeux. Plusieurs branches de l'administration perfectionnées, les finances dans l'état le plus heureux ; la France seule, entre tous les États de l'Europe, n'ayant pas de papier-monnaie ; son commerce au milieu d'une stagnation inévitable, conservant toutes ses espérances, et se préparant à de nouvelles conquêtes ; nos colonies maintenues dans un état qui doit un jour enrichir la métropole ; les armes de la France portées, par une suite de succès sans exemple, jusqu'aux extrémités de l'Europe, son influence s'étendant au-delà du Bosphore, et jusqu'au milieu du continent de l'Asie ; le plus grand ordre, la plus profonde tranquillité régnant dans son intérieur lorsque son Souverain a été, pendant dix mois, éloigné de six cents lieux; l'Europe étonnée; nos ennemis confondus ; l'Angleterre restant seule chargée du fardeau de la guerre et de la haine des peuples. Telles sont, Messieurs, les opérations d'une année, et les espérances de celle qui va suivre. Ce tableau s'embellira du bien que vous allez faire, et sans doute vous vous trouverez heureux d'avoir à concourir à l'accomplissement des vœux d'un Souverain qui, parvenu au plus haut degré de gloire auquel un mortel puisse arriver, fonde son bonheur sur le bonheur de son peuple, et n'ambitionne d'autre récompense de tant de pénibles travaux, de soins infatigables, d'inquiétudes et de dangers, que l'amour de ses sujets et le suffrage de la postérité.

IMPRIMÉ

Par les soins de J. J. MARCEL, Directeur général de l'Imprimerie impériale, Membre de la Légion d'honneur.